AF309616

DISSERTATION

SUR

L'OSTRACISME,

PAR LE CITOYEN LAURAGUAIS;

Le 24 Vendémiaire an 6.

A PARIS,

DE L'IMPRIMERIE DE LEMAIRE;

rue d'Enfer, n°. 141.

AN 6 DE LA RÉPUBLIQUE.

SE TROUVE

Chez LARAN, Libraire, au Palais-
Egalité, N°. 181.

AVERTISSEMENT.

LORSQUE je pris la plume pour écrire sur l'ostracisme, j'eus le dessein de composer un discours pour le Cercle constitutionnel ; mais, à mesure que je considérai l'objet de mon travail, il prit l'étendue d'une dissertation et s'assujétit à la méthode qui divise et sépare les parties grammaticale, critique, historique philosophique. Tout cela peut être assez patriotique pour ne pas déplaire à une assemblée populaire telle que la nôtre ; mais aussi, de très-bons patriotes pourroient trouver tout cela fort ennuyeux. Pour en éviter le hasard ou la probabilité, j'adresse cette dissertation au public, qui d'ailleurs n'attend surement pas de moi l'avis qui paroît indiqué par le choix de Thérémin et celui de Benjamin Constant, pour faire au Cercle constitutionnel un rapport sur l'ostracisme. L'un est du pays qui fournit au nôtre Anacharsis Clootz, il est prussien : l'autre est du pays qui nous fit présent de M. Necker, c'est Benjamin Constant : il est né en Suisse. Ce choix est vraiment remarquable, car il détruit, en la personne de deux étrangers, l'effet quelconque de l'avis qu'on leur demande pourtant (1). Ils sont dans un cas où nous ne pouvons jamais nous trouver en étant ostracisés. Le seront-ils, eux autres ? Ils ont une famille, des foyers qui les attendent ; hors de

---

(1) Un étranger ne devient citoyen français qu'après avoir passé sept années consécutives en France. (*Art.* 10 *de la constitution*).

France, ils vont enfin chez eux. Rien de cela n'existe pour nous. Cette position, qui leur est particulière, ôte à leur avis tout caractère d'impartialité, et, par conséquent, de vérité. Leur vœu sera-t-il pour l'ostracisme? on dira, ils n'en ont rien à craindre et ne sont pas fâchés de nous punir de la bonté trop hospitalière qui leur donne le moyen de se mêler de nos affaires et d'intriguer au milieu de nous, contre nous. Leur avis sera-t-il contre l'ostracisme? on dira que le Cercle constitutionnel s'est assuré de cet avis, en confiant la parole à des étrangers dont le mérite (1) leur a fait

____

(1) Celui de Benjamin Constant est connu.

P. S. Je viens d'apprendre que l'improbation du Cercle constitutionnel contre le rapport de Thérémin, a fait connoître le talent de Thérémin. Benjamin Constant a parlé contre, avec la vérité, qui est de tout les pays, et le courage qu'adopte particulièrement notre République.

sentir la convenance de sacrifier leur opinion pour l'ostracisme à l'opinion contraire , afin d'éviter le reproche d'impudeur et d'inimitié qu'on attacheroit à un autre avis.

Ainsi donc, en supposant à des étrangers les mêmes idées qu'à nous, ils ne sauroient éprouver nos sentimens. Un Français n'a plus de soleil à voir que celui de sa patrie, d'air à respirer que son air natal , de terre pour habiter que la terre qui porte les fruits amers à sa bouche, mais doux à son cœur, de la liberté qu'il a conquise.

Encore un mot.

Dès que le conseil des cinq-cents eût nommé une commission pour lui faire un rapport sur l'ostracisme , on fut positivement informé qu'elle poseroit des exceptions dans lesquelles Barras, Buonaparte et d'autres seroient compris.

(7)

Quant à moi , loin de me cacher dans l'exception où me mettent les actes civiques qui serviroient assurément à ma canonisation constitutionnelle, entr'autres , par exemple, le jugement honorable pour moi , mais encore plus honorable pour le tribunal révolutionnaire , qui me fit aimer la vie en me rendant les droits de citoyen , je déclare qu'au lieu de me constituer un saint de la révolution , j'en serai plutôt la victime. Ainsi donc , sans prétendre partager les destins de Buonaparte et de Barras, je suivrai leur sort.

DISSERTATION

SUR

L'OSTRACISME.

CITOYENS,

Vous conviendrez, sans doute, que dès qu'on parle, il faut savoir d'abord de quoi l'on parle, et puis savoir ce que l'on dit de l'objet ou sur l'objet dont on parle. Il est donc indispensable de se rappeler ou d'apprendre que le mot *ostracisme* est un composé grec. Les Athéniens donnèrent ce mot à une loi et à plusieurs lois. Quelles furent les causes de ces lois? quels en furent les effets? Tel est l'objet du grand intérêt que les diverses passions découvrirent et dissimulèrent à-la-fois sous le mot *ostracisme*.

La division naturelle et nécessaire de ce discours, offre plusieurs parties bien distinctes du tout qui les réunit sous la définition complète du mot *ostracisme* et son intelligence philosophique.

Si la première division est grammaticale, loin de nous égarer dans une érudition purement scolastique, nous aurons soin de préparer, par la connoissance des mots, celle des faits qu'il faut employer pour appliquer l'histoire à l'*ostracisme*.

La deuxième division de ce discours doit être historique, puisqu'elle doit présenter le choix des applications des faits à l'*ostracisme*.

Mais nous éviterons ce que le caractère historique a de vague en son immensité, en employant des faits qui ouvrent, pour ainsi dire, la discussion philosophique que font naître les deux premières divisions de ce discours.

PREMIÈRE PARTIE.

Notre mot *ostracisme* est évidemment le mot grec *OSTRAXISMOS*, il vient lui-même d'*OSTREON*, *os*, et d'*OSTRAXON*, que les latins ont traduit par le mot *testulla,* *coquille, coquille d'huitre.* Ainsi, quand les grecs se servoient de l'expression OSTRAKOFORIA , que les latins traduisoient par *testarum latio,* de FEREO, *porto,* et de FEROMAS, *ferior, rapior,* ils entendoient proscrire de la cité quelqu'un par la voie d'un scrutin dans lequel on employoit des coquilles d'huitres sur lesquelles étoient écrit le nom de l'accusé.

Telle est l'exacte signification du mot *ostracisme.*

DEUXIÈME PARTIE.

L'époque de l'origine de l'ostracisme est-elle connue, ou bien la critique peut-elle parvenir à la déterminer ?

Voilà, citoyens , les deux premières questions que présentent naturellement la matière que je traite. J'y répondrai succinctement.

Théophraste, dans ses livres de politique, Eusèbe, dans ses chroniques, et le Scholiaste d'Aristophane , sur le *Plutus,* en font remonter l'époque à Thésée, et disent que ce héros en fut la première victime, à l'instigation du délateur *Lycus.*

Tous les autres écrivains qui ont échappé aux ravages des tems prétendent que l'ostracisme ne fut établi qu'après la tyrannie de Pisistrate. Diodore de Sicile le dit positivement au onzième livre de son histoire; Ælius en attribue l'institution à Calisthène, Plutarque à Harpocration, et Hipprocus et Phocus à un certain Achile, fils de Lyson.

Comment se déterminer entre ces autorités d'un poids égal ? Par les règles de la critique.

L'histoire ne fournit, dans le long espace compris depuis Thésée jusqu'à Pisistrate, aucun exemple d'ostracisme, et depuis Pisistrate ces exemples furent fréquens; il faut donc en fixer l'époque vers la tyrannie des Pisistratides, et le passage que je vais citer confirme mon opinion :

Hipparchus, dit Harpocration, *parent du tyran Pisistrate, fut le premier condamné au ban de l'ostracisme : cette loi venoit d'être établie par la crainte que des gens imitassent Pisistrate, qui, ayant été à la tête des affaires de la République et général d'armée, s'étoit fait tyran de sa patrie.*

Ce passage fixe l'époque et l'objet de l'ostracisme.

Quelle étoit la forme, je ne dirai pas légale, mais politique, par laquelle l'ostracisme s'accomplissoit ?

Dès que le jour de l'ostracisme étoit fixé, les accusés pouvoient haranguer le peuple dans les places publiques. Les magistrats de police faisoient construire un enclos de planches dans lequel on formoit dix ouvertures, par chacune desquelles chaque tribut de la ville entroit et jetoit vers le centre *sa coquille*.

Les archontes et le sénat présidoient cette assemblée et comptoient les bulletins.

Il falloit au moins six mille votes pour condamner un citoyen. Celui qui étoit ostracisé devoit sortir de la ville dans l'espace de six jours.

Ce que le recueil de Samuel Petit, intitulé, *Des lois de l'Attique*, ne nous apprend pas sur cette matière, nous l'avons rempli par les faits que rapportent le Scholiaste d'Aristophane, Plutarque et Juxte Polux.

Mais il faut parler de l'opinion particulière d'Abbo Emmius, sur l'âge des

votans, puisque je combattrai cette opinion.

Il prétend que les citoyens devoient avoir
soixante ans accomplis pour *ostraciser.*

D'abord, Plutarque assure, dans sa vie
de Nicias, qu'il y eut à l'ostracisme d'Hy-
perbolus une espèce de combat entre les
jeunes gens. L'autorité de Plutarque est
beaucoup plus respectable que celle d'Abbo
Emmius.

Mais voici un raisonnement auquel toutes
les autorités doivent céder.

Athènes ne put envoyer que neuf mille
combattans à Marathon, et compta rare-
ment vingt mille hommes en état de porter
les armes. Une telle population n'a jamais
pu donner à la fois six mille vieillards de
soixante ans.

Après avoir établi cette vérité, il me
paroit inutile, citoyens, de vous parler des
erreurs qui l'ont combattue; et j'arrive à la
troisième division de ce discours, aux faits
historiques qui supposent des lois exis-
tantes, et sollicitent une législation nouvelle.

TROISIÈME DIVISION.

C'est par la première modification donnée à l'ostracisme, qu'on peut juger de ce qu'il fut dans son institution. La jalousie ayant également et d'abord frappé les talens comme dangereux par leur séduction, et les vertus comme tyranniques par leur empire. Les Athéniens furent bientôt forcés de redouter encore plus leurs démagogues. Ils résolurent de leur ôter l'affreuse autorité que leur donnoit l'ostracisme. On ne confisca plus les biens des condamnés, ils en jouissoient dans l'exil qu'ils choisissoient; et cet exil fut limité à un tems plus ou moins long. Il en faut conclure que, dans sa première institution, l'ostracisme étoit absolument confondu avec le bannissement, lequel emportoit toujours avec lui l'éternité de l'exil, et la confiscation des biens : et depuis, que cette peine, loin de supposer d'abord et d'entraîner à sa suite une idée humiliante, entouroit au contraire le condamné d'une gloire importune à ses concitoyens; et qu'au lieu de la flétrir, ils la respectoient et la lui laissoit transporter, avec ses pénates, dans une terre étrangère.

Les exemples de l'ostracisme subi par Aristide, Thémistocle, Cimon et Thucidide, démontrent plus irrésistiblement que tous les argumens possibles l'absurdité de cette loi, beaucoup moins populaire que populicide. Quel homme peut se rappeler l'histoire d'Aristide, sans rougir d'être un homme !

Je ne connois pas plus Aristide que l'alphabet, lui disoit un Athénien; mais écrivez son nom; je suis las de l'entendre nommer le juste. Ce mot, du genre sublime, réunit le mérite et l'inconvénient de supprimer ce qui le précède et ce qui le suit. Ces *mots* sont réellement autant d'histoires. Chacun d'eux occupe, dans le souvenir de la postérité, l'espace rempli aux yeux des contemporains par les circonstances environnantes du tout, qui nous est transmis par un seul mot.

Il sera donc de quelqu'utilité de vous rappeler, citoyens, que ce fut Thémistocle qui fit *ostraciser* Aristide. Quel spectacle que celui qui rassemble deux si grands hommes. Mais aussi, qu'il est déplorable, l'évènement qui rendit le juste Aristide victime du célèbre Themistocle ! Peu de tems après, le seul homme digne d'être jaloux d'Aristide, Thémistocle, succomba sous la jalousie des démagogues.

Ce triste succès de l'ambition de Thémistocle contre Aristide, prépara à Périclès des triomphes du même genre contre Cimon et Thucidide, ses rivaux. Périclès accusa, devant le peuple, Cimon de ne point aimer la démocratie. Quelques auteurs, Suidas entr'autres, ont prétendu que Cimon n'avoit été *ostracisé* que pour avoir épousé sa sœur. Cela n'est pas vrai. Quoique ces mariages ne remplissent guères plus les intentions de la démocratie que celles de la nature, CorneliusNepos prouve par beaucoup d'exemples, qu'ils n'étoient pas défendus par les lois. D'ailleurs, lorsque Cimon fut *ostracisé*, il y avoit long-tems que, d'après une loi démocratique et naturelle, il avoit cédé sa femme aux amours de Callias. Enfin, si Cimon fut contrevenu à une loi positive, il eut été jugé, puni par les tribunaux, et point *ostracisé*. Car *l'ostracisme*, au lieu de porter sur l'accusation d'un crime positif, ne portoit au contraire que sur l'admiration de vertus ou de talent qu'on ne vouloit plus admirer.

Vous sentez, citoyens, de quelle importance il est de saisir le caractère essentiel de l'accusation qui soumettoit à l'ostracisme ; et combien il importe de conserver entre lui et toute autre accusation quelconque, l'intervalle immense qui les sépare, et qui empêche éternellement l'honneur et la honte, la vertu et le crime de se rapprocher. Cette théorie est tellement éloignée d'être idéale, qu'elle est confirmée par l'exemple, qui me servira en même tems à prouver mon assertion, ainsi qu'à fixer l'époque à laquelle les Athéniens abolirent l'ostracisme.

Les différens élevés entre Alcibiade et Nicas firent prendre au peuple d'Athènes le parti de les soumettre l'un et l'autre à l'ostracisme.

Les jeunes gens qui, desiroient la guerre qu'Alcibiade conseilloit, vouloient faire tomber l'ostracisme sur Nicas. Les vieillards qui desiroient la paix, que Nicas conseilloit, vouloient faire tomber l'ostracisme sur Alcibiade. Le peuple, qui ne craignoit pas l'ambition d'Hypperbolus, parce qu'il pouvoit s'en moquer crut pouvoir la rendre redoutable aux deux rivaux, et dans cette occasion, le mit en scène avec eux. Il devint leur accusateur. Mais ce rôle atroce, il le rendit si bas, si bête, que les factions d'Alcibiade et de Nicas, s'étant réunies à la masse inconstante du peuple, firent tomber l'ostracisme sur Hypperbolus.

Le peuple rit d'abord de cet évènement, il le trouva bisarre ; mais bientôt il lui parut si honteux, qu'il offrit l'abolition de l'ostracisme en expiation de son injustice envers ses illustres victimes.

Telle sont les lumières que la critique et l'histoire jetent sur *l'ostracisme*. Le flambeau de la philosophie doit y porter d'autres clartés. Mais, comme Aristote alluma ce flambeau, qui pâlit dans les ténèbres de la barbarie et reprit son éclat dans les tems modernes, nous interrogerons Aristote sur l'ostracisme, avant d'écouter Montesquieu et Voltaire en parler.

Les constitutions démocratiques étant fondées sur le système de l'égalité, ont voulu se préserver, se garantir de tout excès de grandeur, de là l'ostracisme. Dès qu'il se trouve dans le sein de ces gou-

vernemens un citoyen qui s'élève au-dessus des autres par sa puissance, celle de ses amis ou toute autre influence, on le comprime par l'ostracisme, en le forçant de s'éloigner pendant un tems déterminé.

Telle est, citoyens, la théorie de l'ostracisme, donnée par Aristote, liv. 3 de sa politique, chap. 9, intitulé *de l'ostracisme*. Et cette définition, l'évêque Gai-Vernon et le représentant Boulay la trouvent si peu régulière, qu'ils ont fait la partie, dit-on, de proposer au conseil des cinq-cents de *régulariser l'ostracisme*. Citoyens, avant de juger s'ils parlent de l'ostracisme comme des grecs ou comme des ostrogoths, vous leur accorderez, sans doute, moins de confiance sur les lois, les coutumes, les mœurs de la Grece, qu'au plus grand philosophe qu'elle enfanta, et vous croirez que le précepteur d'Alexandre, choisi par Philippe, encore moins célèbre par un tel fils que par la rivalité d'éloquence qu'il soutint contre Démosthenes, peut nous donner aussi des leçons, et même à l'évêque Gai-Vernon et au représentant Boulay.

Après avoir défini l'ostracisme, Aristote

en cherche l'origine dans la fable, et l'y trouve. En effet, toutes les vérités que l'imagination peut colorer furent embellies par les fictions poétiques. L'histoire se servit de pinceaux long-tems avant de prendre son burin. Mais tout ce qu'on trouve dans la fable en vient-il ? Cette question, qui depuis des siècles ne devroit plus être neuve, deviendra piquante en cessant de vous paroître étrangère à l'objet de ce discours, auquel en apparence elle tient cependant si peu.

Si toutes les vérités ne se découvrent, ne se confirment, ne s'établissent que par une multitude d'expériences, vous avouerez que toute espèce d'origine est nécessairement foible, incertaine, obscure, et que les grandes vérités qui éclairent la terre sont comparables aux grands fleuves qui la fertilisent, et dont la source craintive se cache sous des rochers. Les vérités percent avec peine la nuit des tems qui les couvrent, s'échappent d'abord à travers mille erreurs, s'accroissent ensuite et successivement par les faits qui s'y réunissent, et prennent enfin un cours majestueux, après s'être enrichi des tributs de la reconnoissance publique et des hommages de la philosophie. Mais les hommes libres ne se doutant pas de la nécessité de déguiser la vérité, les premiers peuples subjugués durent inventer l'art d'en parler impuné- ment ; aussi ces ressources de l'esprit contre son oppression sont-elles infiniment postérieures aux tems fabuleux et même aux tems héroïques.

Hésiode créa les dieux, dont il préten- dit faire la généalogie ; et bientôt après, le génie d'Homère sut composer, de grossières traditions du siège de Troyes, le modèle des poëmes épiques. Ce ne fut enfin que sous le siècle d'Auguste, dont la gloire nouvelle fut préparée par tant d'autres poëtes fameux, qu'Ovide, par ses métamor- phoses, charma les Romains, en plaçant dans le ciel et sur la terre des merveilles qui réellement étoient celles de son ima- gination et de son goût ; tandis que des poëtes d'un autre genre avoient effrayé déjà les Indiens par les incarnations monstrueuses de leurs dieux ; et qu'en Europe, de mauvais écoliers se mirent en tête de changer les rêves de Platon en mi- racles, qu'ils eurent pourtant la précaution d'annoncer à la crédulité vulgaire , sous le nom équivoque et modeste d'*Evangile* , c'est-à-dire , de nouvelles, ainsi que ce mot l'exprime. Mais quand les premiers gazetiers du paganisme et puis du christianisme, désespérèrent , comme nos gazetiers politiques d'aujourd'hui, d'être cru sur parole, ils voulurent dominer l'opinion , et dès-lors l'esprit n'eut d'autres ressources contre les tyrannies diverses , que d'employer la parabole, l'allégorie ou la fable. C'est ainsi que par son langage burlesque et défiguré , bien plutôt que figuré , Rabelais parvint à faire rire les grands de l'église et de la cour de leurs grandes sottises. On vit depuis le savant Erasme n'oser louer la raison qu'en composant l'éloge de la folie; et ce qui est remarquable, c'est que , sous le siècle de Louis XIV , le seul homme qui eut de l'indépendance philosophique dans l'esprit, Lafontaine , fut obligé de mettre dans la bouche des animaux le langage de la philosophie : ce qui fait comprendre à merveille pourquoi la révolution , qui change tout, fait parler certains auteurs comme de franches pécores; et ceci , citoyens , nous ramène naturellement au projet de Gai-Vernon et de Boulay, de *régulariser l'ostracisme* , projet dont la barbarie est très-convenablement exprimée par un effroyable barbarisme.

Entre les exemples d'après lesquels Aristote trouve l'origine de l'ostracisme dans la fable, il cite l'apologue d'Antisthène. *Lorsque les lièvres*, disoit-il, *eurent déclaré l'égalité des droits entre les animaux, ils voulurent ostraciser les lions; ceux-ci ne répondirent rien, mais ils montrèrent leurs dents.* L'inverse de cette fable nous seroit beaucoup plus applicable, citoyens, car elle tendroit à résoudre la véritable question. Nous convient-il, à nous autres lions, d'ostraciser des lièvres? Aristote cite encore l'exemple d'Hercule, chassé par les Argonautes du vaisseau Argo, et ne quitte plus ensuite la vérité des faits, à laquelle vous ne serez pas moins fidèles que lui. Il trouve beaucoup d'exemples d'ostracisme dans les gouvernemens plus ou moins tourmentés par la tyrannie, par l'oligarchie, par l'anarchie.

Parmi ceux du premier genre, il cite celui que donna Trasybule, d'après le conseil du tyran Périandre. Il n'avoit répondu à l'ambassadeur de Trasybule qu'en coupant devant lui les épis qui surpassoient ceux du champ dans lequel il le recevoit. Si l'évêque Gai-Vernon et l'orateur Boulay n'ignorent pas un fait aussi connu , il n'est pas sûr qu'ils sachent que Polybe (1) dit que ce Périandre , fils et successeur de cet autre tyran de Corinthe Cypsalus , fut un monstre ; qu'il souilla le lit de sa mère, tua sa femme et ostracisa son fils parce qu'il pleuroit sa mère.

Diogènes Laërte a conservé plusieurs maximes de ce monstre, en voici une :

Punissez l'intention du crime comme le crime même.

Si vous pensez, comme moi, citoyens, que ce fait, si voisin du siècle d'or, amolit le nom de siècle de fer, que l'on donne au nôtre, il faut aussi maintenant concilier, reconcilier dans votre mémoire le nom de sage donné à Périandre, quoiqu'il mérita celui de barbare ; et j'y parviendrai en vous rappelant le goût d'Adam pour les pommes , le goût d'Esaü pour les lentilles , en vous rappelant que tous les

____

(1) Lib. 4. Cap. 12.

temples étoient chargés de dépouilles et les autels de victimes ; qu'enfin les sages , les héros, les dieux étoient presque toujours à table : aussi, l'antiquité compta-t-elle Périandre parmi les sages, pour les avoir rassemblé autour de lui dans un banquet fameux. Mais Plutarque , qui n'est pas dupe des mots, nous empêche de l'être de celui-ci : il nous enseigne doctement que du tems de Périandre on ne donnoit le nom de sagesse qu'à l'habilité de façonner au joug des lois les hommes encore indociles, et que Thalès fut *le premier qui donna à ce qu'on appeloit avant lui la sagesse, son véritable caractère, en liant, par la méditation, les idées de la morale et de la métaphysique à l'ordre social.*

Aristote passe maintenant aux exemples d'ostracisme que des gouvernement donnèrent contre des cités , contre des nations entières.

Tel fut l'effroyable ostracisme exercé par les Athéniens contre les peuples de Lesbos , de Samos et de Chio.

Tel fut encore l'ostracisme de plusieurs rois de Perse contre les Babyloniens , contre les Mèdes et d'autres peuples impatientés de leur tyrannie.

De ces exemples et d'autres semblables, Aristote tire cette conclusion, que, dans les gouvernemens fondés sur les lois de l'égalité, de la liberté, de la propriété, *l'ostracisme tend à les conserver contre toute espèce d'usurpation, et que, dans les gouvernemens corrompus et corrupteurs, l'ostracisme tend à maintenir l'intérêt des gouvernans contre les gouvernés.*

Si donc, ajoute-t-il, l'ostracisme est un remède, son application suppose une terrible maladie.

Aussi la combinaison politique de laquelle résulte une véritable constitution, empêche toujours l'état de tomber dans la crise qui donneroit au poison de l'ostracisme un effet salutaire. Mais, ajoute Aristote (et ceci est la traduction fidèle de son texte) *c'est à quoi nos cités n'ont jamais pensé. L'intérêt général n'entroit pour rien dans cette mesure, et l'ostracisme n'y étoit qu'une affaire de cabale. Car si cette institution est utile aux gouvernans, et prend un air d'équité dans les gouvernemens cor-*

rompus, elle est assurément contraire à la justice.

Aristote se contente, dans ce chapitre, d'assigner à l'ostracisme son véritable caractère, c'étoit une proscription, et pour empêcher l'iniquité d'accomplir ses mystères sous le nom d'ostracisme, il prononce ces paroles remarquables (lib. 5. cap. 5.)

Les Démagogues de nos jours engagent les tribunaux à prononcer des confiscations au profit du peuple, pour capter la faveur de la multitude. Le législateur qui voudra conserver une démocratie, ordonnera que les confiscations n'appartiendront point au peuple, qu'elles ne seront point employées pour quelqu'objet d'utilité publique, mais consacrées aux Dieux. La peine sera la même, mais le peuple sera moins disposé à prononcer une confiscation qui ne tournera pas à son profit. C'est incontestable.

Mais comme le gouvernement, depuis l'établissement moral de tous les cultes, ne paye l'établissement physique d'aucun culte, que feroit-il de l'argent des confiscations ? La législature ne le tirera d'embarras qu'en le préservant de l'horreur de battre monnoye sur la place de la révolution ; et sans

doute qu'après l'exemple expiatoire donné
par la convention , de renoncer aux confiscations des condamnés en masse par le tribunal révolutionnaire , la législature ac-
tuelle peut séparer aisément la confiscation
du cas rare et peu lucratif du bannissement
proprement dit. Cette sage mesure serviroit
à distinguer avec une utile sagacité les es-
pèces de proscriptions appelées *exil , bannissement , déportation et ostracisme.* si
toutefois ce mot funeste conserve parmi
nous l'effet ancien de la proscription tem-
poraire qui vous condamnoit à porter dans
une terre non jalouse , la gloire qué vos
concitoyens ne vous accordoient qu'en vous
privant d'en jouir.

Aristote n'entre dans aucun autre détail
sur l'ostracisme ; il en parle uniquement
en législateur, et non pas en critique. Nous
avons vu dans la troisième division de cet
ouvrage que l'ostracisme fut d'abord un
véritable bannissement , et qu'ensuite ce
bannissement prit le caractère qui devient
propre à l'ostracisme.

Avant d'interroger Montesquieu sur
cette institution ; nous remarquerons qu'on
trouve sur elle quelque lignes seulement

(3o)

dans l'estimable ouvrage de l'abbé Bar-
thélemy.

Voici ce passage. (1)

» L'Ostracisme est un remède violent,
peut-être injuste , trop souvent employé
pour servir des vengeances personnelles,
mais justifié par de grands exemples et de
grandes autorités, et le seul qui, dans ces
occasions puisse sauver l'état. Si néanmoins
il s'élevoit un homme qui, seulement par
la sublimité de ses vertus entrainât tous les
cœurs avec lui , j'avoue qu'au lieu de le
proscrire, il seroit plus conforme aux vrais
principes de le placer sur le trône. «

Nous pouvons ajouter qu'on ne trouve
au mot ostracisme dans le dictionnaire *pour
l'intelligence des auteurs classiques*, qu'une
compilation d'autres compilateurs lourds
et pourtant superficiels , et qui se sont bien
gardé de traiter les lois en philosophes et
en jurisconsultes.

Voyons ce que dit Montesquieu de l'ostracisme.

____

(1) Voyage d'Anacharsis. Tom. 5. Ch. 72. Il cite
Aristote , et tel est réellement le résultat de sa doc-
trine sur l'ostracisme.

» Il dit (1) *qu'il doit être examiné par les règles de la loi politique, et non par les règles de la loi civile*, et qu'alors, loin que l'ostracisme puisse flétrir le gouvernement populaire, il est très-propre à en prouver la douceur ; que ce jugement du peuple combloit de gloire celui contre lequel il étoit rendu ; que c'étoit une loi admirable que celle qui prévenoit les mauvais effets que pouvoit produire la gloire d'un citoyen, en le comblant d'une gloire nouvelle.

» Qu'on n'y soumettoit jamais qu'une personne, (2) qu'il falloit un grand nombre de suffrages : qu'il étoit difficile qu'on exilat quelqu'un dont l'absence ne fut pas nécessaire ; qu'aussitôt qu'on en eût abusé à Athènes contre un homme sans mérite, on cessa de l'employer. «

Les exemples donnés par Aristote, et qui vous prouvent déjà, citoyens, les erreurs de Montesquieu sur des faits historiques, m'enhardissent à vous faire observer que sa manière de raisonner est souvent aussi

----

(1) Esp. des Lois. Liv. 18. Chap. 17.

(2) Esp. des Lois. Liv. 29. Chap. 7. et Liv. 18. Chap. 17.

peu exacte que celle de citer. Et d'abord vous remarquerez que cette expression l'ostracisme doit être examiné (1) *par les règles de la loi politique, et non par les règles de la loi civile*, est plus qu'im-propre.

On n'examine point par des règles. Un examen quelconque suppose nécessairement une attention plus ou moins vive, plus ou moins forte : sa vigueur ou sa foiblesse dépendent uniquement de facultés naturelles ainsi que de leur exercice, et nullement d'aucune règle. Quand on examine une question, on considère les côtés qu'elle présente, on cherche ceux qu'elle cache, ou qu'elle dissimule, avant de choisir parmi les règles de la logique, celles qu'on peut appliquer à cette question et démon-trer enfin qu'elle est vraie ou fausse, impertinente ou sage, pernicieuse ou bien utile. L'assertion que l'ostracisme, etc. etc. est encore plus fautive que la manière de l'exprimer.

Dans l'enfance des sociétés, les hommes

---

(1) Esp. des Lois. Liv. 18. Chap. 17.

furent gouvernés par les règles auxquelles ils assujétirent leurs penchans , leurs affections. A ce degré de civilisation , les règles leur tinrent lieu de lois , parce qu'ils n'avoient besoin alors que du frein des règles, et ne sentoient pas encore la nécessité future d'imposer aux passions qu'ils n'avoient pas , le joug inflexible des lois. Les règles étoient donc l'expression des mœurs ; aussi , à cette époque , l'empire des mœurs étoit-il plus puissant sur les nations appelées barbares par les Grecs et les Romains , que l'empire des lois sur les peuples corrompus. Tacite le dit positivement en parlant des Germains.

Les hommes passèrent à l'état de société proprementdite, en convertissant les mœurs en lois. Aussi, l'autorité des lois s'applique-t-elle à l'existence publique des citoyens ; tandis que les transactions de leur vie privée ne sont assujéties qu'à des règles, des usages , des coutumes et d'autres conventions dont chaque citoyen peut à son gré parcourir la latitude , en s'exposant à la critique de l'opinion , mais sans craindre la censure des lois. Il est donc contre toute logique de soumettre *les lois à des règles ;*

car, nous le répétons, les lois absorbent la force irrégulière, indéterminée des règles, en leur donnant la puissance énergique et positive qu'elles n'avoient pas. Aussi dit-on, avec propriété, *les règles de la conduite et la loi du devoir*. Parce que, dans l'espace que les lois abandonnent à ce qu'on appelle conduite, elle peut être plus ou moins exemplaire, plus ou moins cynique, sans être légalement repréhensive. Tandis que les devoirs sont impérieusement prescrits par les lois, sous telle peine, en cas d'infraction.

Voilà pourquoi l'inconstance des hommes adopte si facilement des préjugés bisarres, des règles douteuses, des idées vagues et des modes capricieuses, tandis que leur obéissance aux lois est de leur part beaucoup plus l'aveu de leur impuissance d'y résister, que la déclaration de leur volonté de l'accomplir.

La révolution qui change les règles en lois, devient nécessaire, dès que le frein des règles, assez fort pour établir les premières conventions sociales, se trouve impuissant contre le premier essor des passions déchainées. Et ceci fait entrevoir le genre de fatalité qui efface dans le cœur des hommes l'amour et le respect des lois, à mesure qu'elle en grave les lettres sur le marbre et l'airain. Au moment de la révolution qui change la douce influence des règles dans l'autorité rigide de la loi, les mœurs ayant encore plutôt perdu leur innocence que leur grossièreté, deviennent farouches et terribles : et voilà pourquoi les premières lois qui prirent l'empire sur celui des mœurs dégénérées, furent toutes sanglantes et tyranniques. Voilà pourquoi, ainsi que nous avons entendu Plutarque nous le dire, l'antiquité, avant Thalès, donna le nom de sage au tyran Périandre, ainsi qu'aux hommes habiles qui avoient su dompter des hommes furieux. Mais avez-vous une constitution ? a-t-elle publié la déclaration des droits, est-elle basée sur cette déclaration ainsi que la nôtre. Tremblez d'y toucher. (1) Vous êtes parvenus à

____

(1) La nôtre, proposée parmi les tempêtes, a prévu l'époque d'une révision. Mais la Convention, mais le peuple, en acceptant cette constitution, ont senti que c'étoit l'anéantir que d'en confier la révision au corps législatif. Tout est perdu s'il touche à la cons-

la dernière limite, au delà est l'espace ; mais son immensité n'est pour vous qu'un abîme sans fond et sans bord. Tout mouvement révolutionnaire deviendroit nécessairement rétrograde, et sûrement anarchique.

Beaucoup de gens n'aiment pas à être convaincus, ceux-là ne manquent pas d'hérisser leur amour-propre contre toute espèce de démonstration, et répondent encore aujourd'hui comme ce ministre, *cela vous paroît démontré, disoit-il à quelqu'un qui l'importunoit, mais on ne me démontre rien.* Quoiqu'il en soit, je n'ai pas dû laisser ces gens-là manier commodément et à leur gré l'instrument homicide que leur offroit cette phrase de Montesquieu : *l'ostracisme doit être jugé par les règles des lois de la politique* ; j'ai dû insister fortement sur ce que l'accouplement des *règles des lois* a de monstrueux en logique et en jurisprudence, afin de rendre la soumission des *lois aux règles*, qu'il soumet encore *à la politique* ;

---

titution ; elle ne peut recevoir de changement que par la révision et les personnages élus expressément, uniquement pour la réviser.

si totalement subversive de tout principe, que j'en puisse conclure qu'au lieu de sou-mettre *les lois aux règles* et les *règles des lois à la politique*, la politique qui n'est pas combinée dans le droit civil qui compose des membres d'une société une nation particulière; ou du droit des gens, qui compose des nations diverses une sorte de république universelle; est un vrai brigan-dage, n'est qu'un franc brigandage, dont la nature, incompatible avec une règle, avec une loi quelconque, ne peut s'allier qu'au calcul de la force proprement dite, et encore cette force est-elle destructive : c'est celle du feu. Elle ne se nourrit de ce qu'elle dévore qu'en le consumant, le réduisant en cendres.

Lorsque l'auteur des lettres persannes et des considérations sur la grandeur et la dé-cadence des Romains, écrivit dans l'esprit des lois, qu'il ne *falloit pas juger de l'os-tracisme par les règles des lois civiles, mais par les règles des lois de la politique.* Ce langage, très-incorrecte pour un juris-consulte, très-fautif pour un législateur, étoit celui du philosophe qui préparoit une révolution.

A l'époque ou Montesquieu vécut, on ne pouvoit attendre autre chose de l'homme qui, beaucoup plus tard, eût écrit pour faire cette révolution, et plus tard encore eût écrit pour l'achever et l'assurer par une constitution. Il faut considérer l'esprit des lois sous ce point de vue: sous tout autre, il est impossible de le juger avec impartialité et même de le lire avec utilité. Cet homme rare ne méritera plus alors les reproches pourtant mérités d'un homme plus rare encore, Voltaire, sur mille erreurs de faits, de dates, de raisonnemens qu'il lui reprocha souvent, et nommément dans l'ouvrage intitulé, *commentaire sur l'esprit des lois.* Mais Montesquieu ne se défendra pas du reproche général et fondé de la part de Voltaire, de n'avoir pas fait l'esprit des lois, mais de l'esprit sur les lois. Cet ouvrage de *l'esprit des lois* fut conçu, fut exécuté par Aristote, fut embelli par Ciceron, fut perfectionné par Antoine Augustin, dans son livre *de legibus.* Mais je doute que Voltaire eût connu cet ouvrage. Ce qui est plus extraordinaire, c'est de le voir parler assez longuement d'Aristote et de ne pas dire un seul mot de son plus bel ouvrage : à l'article *Aristote*, Voltaire garde le silence le plus complet sur *sa politique*. Montesquieu pourroit donc nous adresser ces paroles : vous me reprochez mille erreurs, mais qui vous a prié de me croire ? Ce n'est pas moi. J'ai voulu vous forcer à penser, et je suis parvenu à vous faire penser malgré vous.

Quand j'ai voulu charmer votre esprit et toucher votre cœur, j'ai écrit les lettres persannes ; quand j'ai voulu vous empêcher de vous tromper sur la gloire et la honte des Romains, j'ai écrit sur les causes de leur grandeur et celles de leur décadence. Ces ouvrages ont attiré sur moi une espèce d'ostracisme. Il fallut renoncer à tout , excepté à la gloire. Je voulus être secrétaire d'ambassade à Vienne , on me refusa cette place. Ce que je dis dans l'esprit des lois sur la liberté de l'Angleterre me fit craindre long-tems pour ma liberté. Si j'avois révélé ma pensée en écrivant sur les lois, il m'en eût coûté la tête et j'aurois ainsi reculé la révolution qu'avança mon livre tel qu'il est.

J'espère que tout lecteur impartial me pardonnera cet épanchement , en faveur d'un homme illustre que je connus dans ma

première jeunesse et pour lequel, sans
doute, il m'est permis de conserver la mémoire la plus chère et la plus respec-
tueuse. (1)

----

(1) Après avoir donné la théorie de l'ostracisme,
j'ai cru devoir suspendre ce que j'aurois pu dire sur
ses causes et ses effets jusqu'à ce que la discussion
qui va s'ouvrir à ce sujet dans le conseil des cinq-
cents, sur cette question, l'éclaire sans doute, et
m'instruise moi-même.

www.ingramcontent.com/pod-product-compliance
Ingram Content Group UK Ltd.
Pitfield, Milton Keynes, MK11 3LW, UK
UKHW021646090726
13657UKWH00004B/1786